LE BIENHEUREUX

PIERRE DE CASTELNAU

ET

LES ALBIGEOIS

AU XIIIᵉ SIÈCLE,

PAR Mᵍʳ DE LA BOUILLERIE,

ÉVÊQUE DE CARCASSONNE

PARIS

LIBRAIRIE CATHOLIQUE MARTIN-BEAUPRÉ Fʳᵉˢ, ÉDITEURS

21, RUE MONSIEUR-LE-PRINCE, 21

—

1867.

LE BIENHEUREUX

PIERRE DE CASTELNAU

ET

LES ALBIGEOIS AU XIIIᵉ SIÈCLE.

IMPRIMÉ PAR CONTANT-LAGUERRE.

LE BIENHEUREUX
PIERRE DE CASTELNAU

ET

LES ALBIGEOIS

AU XIIIᵉ SIÈCLE,

PAR Mᵍʳ DE LA BOUILLERIE,

ÉVÊQUE DE CARCASSONNE.

PARIS

LIBRAIRIE CATHOLIQUE MARTIN-BEAUPRÉ Fʳᵉˢ, ÉDITEURS

21, RUE MONSIEUR-LE-PRINCE, 21

—

1867.

INTRODUCTION.

Une faveur que le Saint-
Père vient, sur ma demande,
d'accorder au diocèse de Carcassonne[1] me fournit l'occasion que je cherchais depuis

[1] La concession de l'Office du bienheureux Pierre
de Castelnau qui sera récité dorénavant parmi les
Offices propres au diocèse de Carcassonne.

longtemps, celle de parler d'événements qui ont été la plus grande gloire historique de ma ville épiscopale. Ces événements ont été si souvent et si indignement dénaturés, que j'ai considéré comme un devoir de ma charge de rétablir les faits et de les présenter sous leur vrai jour.

La question des Albigeois est l'une de celles où l'histoire a le plus conspiré contre la vérité; et le martyre de Pierre de Castelnau y occupe une place importante. J'ai cru qu'au moment où le Souverain-Pontife daignait permettre que le culte du B. Pierre fut proposé à la vénération spéciale de mes diocésains, je devais leur faire connaître les motifs qui m'ont engagé à solliciter ce privilége.

Ce Bienheureux, moine de l'Ordre de Cîteaux, fit profession à l'abbaye de Fontfroide. A ce titre, il appartient au diocèse de Carcassonne, dont le territoire renferme aujourd'hui cette abbaye célèbre; et mon diocèse devait tenir à honneur d'inscrire dans ses diptyques sacrés le nom de ce grand homme.

Pierre de Castelnau mourut en défendant la foi de nos ancêtres contre les abominables doctrines de l'hérésie albigeoise. Il fut l'un des plus fermes et des plus fidèles serviteurs du grand pape Innocent III. Il prit part à tous les hauts faits des premières années du XIIIe siècle, qui ont immortalisé nos contrées ; et si, à cette époque fameuse, se vérifia pour nous la belle prophétie de saint Hilaire : « Qu'après la mort du saint » Pontife, l'hérésie ne se fixe- » rait jamais dans le diocèse

» de Carcassonne [1], » c'est, après Dieu, à Pierre de Castelnau et à ses glorieux compagnons que nous avons dû le salut de notre pays.

Aussi, mon travail sur cet illustre martyr a été accueilli avec un touchant empressement par le clergé et par les fidèles de mon diocèse, fiers de pouvoir compter parmi leurs Pères dans la foi ce grand défenseur de l'Église.

On me demande de donner à cette étude une publicité qui lui permette de franchir les

[1] *In Brev. offi. S. Hilarii.*

limites du diocèse de Carcassonne. Sans souscrire à tous
les motifs que mes amis met-
tent en avant et qui se ressen-
tent évidemment de leur ex-
trème bienveillance, j'ai cru
cependant, avec eux, que cette
publication pourrait peut-ètre
faire quelque bien. Comme
tous les hommes qui ont exer-
cé dans l'Église une forte et
puissante action, Pierre de
Castelnau a eu l'insigne honneur de mériter la haine des
ennemis de la foi : mais surtout, les grands événements
auxquels il a pris part ont été

sévèrement appréciés. *Les vé-
rités se sont tellement amoin-
dries* [1] dans notre siècle, que
c'est aujourd'hui un système
convenu et comme un mode
de donner en toutes choses
raison à l'hérésie contre l'É-
glise. Revues, romans, feuille-
tons, pièces de théâtre, l'hérésie est partout l'objet des
sympathies des plus ardentes,
des plus intarissables éloges.
Tout le succès d'une certaine
critique est de *critiquer* l'É-
glise. Dans ses romans, l'héré-

____
[1] Ps. XI, 2.

sie s'attribue le monopole des sentiments les plus élevés et des plus pures vertus ; sur la scène, c'est encore l'hérésie qui joue invariablement le plus beau rôle.

Les événements que j'ai à rappeler se sont en grande partie passés au milieu de nous ; et si ailleurs ils ont été mal jugés, c'est à nous qu'il convient, ce me semble, de faire appel de ce jugement.

✝ FRANÇOIS,

Év. de Carcassonne.

LE BIENHEUREUX

PIERRE DE CASTELNAU

ET

LES ALBIGEOIS AU XIIIe SIÈCLE.

I.

Pour juger sainement les faits auxquels le nom de Pierre de Castelnau a été si souvent et si noblement mêlé, suffira-t-il de se reporter au siècle où ont eu lieu ces événements ? Non, on est trop tenté aujourd'hui, lorsqu'il s'agit du moyen-âge, de se croire quittes vis-à-vis de l'Église, en invoquant à sa décharge les mœurs, les opinions, les préjugés de ce temps. — Mais, il suffit de se faire une juste idée des principes qui, au treizième siècle, dirigèrent la conduite de l'Église, principes que sa prudence sait tempérer admirablement. et qu'elle n'applique que dans les circonstances dont elle-même apprécie et juge l'opportunité, mais principes invariables et qu'a fait revivre sous nos yeux un acte récent du Saint-Siége.

« Enseignez, nous dit le Souverain-Pontife, que les royaumes reposent sur les fondements de la Foi[1]. »

Effectivement. l'Église a toujours professé en principe. que la religion est

----

[1] Lettre encyclique du 8 décembre 1865.

pour les sociétés le plus essentiel élé-
ment vital. Sans religion, point de société. Sur ce point, les païens eux-
mêmes ont été unanimes. Mais, si nous
jetons un regard sur l'histoire, et si
nous comparons entre elles les diverses
sociétés qui se sont succédé sur la terre,
nous arrivons facilement à reconnaître
que, seule, la religion chrétienne a élevé
les peuples à un niveau qu'ils n'attei-
gnirent jamais sans elle. Et ici, je ne
parle pas seulement de la morale chrétienne que nos idées modernes s'obsti-
nent à vouloir séparer du dogme, du
culte, de la discipline, de tout ce qui
fait la force du Christianisme; non, ce
n'est pas uniquement cette morale sublime, mais c'est la religion tout entière
qui, d'accord avec les plus purs et les

plus nobles instincts de la nature humaine, a opéré l'immense révolution dont nous admirons chaque jour les effets. C'est elle qui, éclairant la raison, purifiant les mœurs, adoucissant les caractères, épanchant sur toutes les infortunes le baume divin de la charité, a peu à peu refoulé l'esclavage, accru le bien-être moral, fondé sur de solides bases une sainte fraternité entre les hommes, et conquis enfin tous les biens dont se compose la civilisation chrétienne. Le dogme s'empare de notre esprit et il réjouit délicieusement notre cœur; le culte parle à nos sens, les purifie et les élève; la morale gouverne notre vie; et, soumis à ce merveilleux ensemble de multiples influences, l'homme se transforme et se perfectionne.

Là, au contraire, où la religion ne règne plus, non-seulement l'homme se détériore, mais la société elle-même est en péril. La religion, premier principe social, est comme le lien qui unit tous les autres en un indissoluble faisceau ; si le faisceau se brise, les principes se dispersent, et dispersés ils n'ont plus de force : morale, famille, pouvoir, propriété, ces grandes choses ne sont plus que de vains mots. Je vois encore des agrégations d'hommes ; je cherche en vain la société.

Mais dès lors n'est-il pas vrai de dire que le Christianisme n'est pas seulement la religion des peuples modernes, qu'il est leur civilisation, leur condition première d'existence morale, leur vie, et qu'ainsi toute doctrine qui tend à détruire cette religion, et à lui substituer l'empire des détestables penchants de notre nature, ne se borne pas à être une erreur de l'esprit et une offense contre la loi de Dieu, qu'elle est encore un fléau social et un crime contre la vie des peuples.

Or, c'est l'Église qui a enfanté les peuples à la foi, c'est elle qui a fait la chrétienté : et dès lors faut-il être surpris que, s'estimant responsable devant Dieu, de sa fidélité ou de son apostasie, elle ne néglige aucun effort pour la prémunir contre l'erreur? Comme la vraie Mère du jugement de Salomon, partout et toujours elle revendique son fils, qui est le monde chrétien ; mais plus tendre et plus prévoyante, elle ne consentira jamais à le laisser aux mains d'une fausse mère, l'impiété ou l'hérésie.

C'est en vain qu'au nom d'une prétendue liberté, ou plutôt d'une criminelle licence que l'Église nomme une liberté de perdition ou un délire[1], les peuples prétendront avoir le droit de secouer le joug de la religion. Quoi qu'elles veuillent ou qu'elles fassent, les nations baptisées sont chrétiennes, elles ne vivent moralement que des idées, des mœurs, des habitudes chrétiennes ; c'est à la religion seule qu'elles doivent les bienfaits dont elles jouissent : la religion, en retour, est leur premier devoir.

Aussitôt donc que l'Église s'aperçoit qu'un peuple chrétien est en péril, elle s'inquiète, elle s'effraie, elle parle, elle agit, elle travaille, elle se dépense et se

[1] Encyclique

surdépense[1] : par ses prières et par ses œuvres, par ses instances et par ses menaces, par la voix de ses docteurs et le ministère de ses prêtres, elle cherche à ramener au bercail le peuple qui s'égare.

Cependant, l'action propre de l'Église lui suffit-elle toujours, et peut-elle à elle seule garantir contre toutes les attaques l'établissement chrétien confié à sa garde? Non; et c'est pour cela que l'Église n'a jamais cessé de reconnaître que les princes chrétiens sont parfaitement solidaires avec elle, pour le maintien dans le monde de la religion et des mœurs chrétiennes.

Si la religion, en effet, est la première

[1] 2. Cor. XII, 15.

base de l'ordre social, l'autorité en est la seconde.

Deux Pouvoirs, vous le savez, se partagent l'autorité dans le monde : le Pouvoir spirituel et le Pouvoir temporel ; tous deux distincts et indépendants, mais se rapprochant cependant par deux points : l'origine d'où ils émanent, le but final qui leur est assigné.

L'un et l'autre tient son autorité de Dieu même : le texte de l'Apôtre est précis : « Nulle autorité qui ne vienne de Dieu : *Non est potestas nisi a Deo*[1]. »

L'un et l'autre est le ministre de Dieu et son ministre pour le bien : c'est encore la parole de saint Paul : *Minister Dei in bonum*[2]. Et quel est le bien su-

[1] Rom. XIII. 1.
[2] Rom. XIII. 4.

prême des peuples, sinon comme nous l'avons montré plus haut, ce qui fait leur vie et leur félicité, — la Religion?

Toutefois, de ces deux puissances spirituelle et temporelle, la première, celle de l'Église, ne saurait être que douce et maternelle; celle des princes, au contraire, est plutôt, par sa nature, sévère et répressive. L'Église est faible, les princes sont forts : les Pontifes portent la houlette, les Princes tiennent en leur main le sceptre et le glaive; et comme il est dans l'ordre qu'une juste sévérité prête son appui à la douceur, comme il convient que la force protége la faiblesse, il résulte de l'institution même des deux pouvoirs créés par Dieu, que les princes chrétiens sont et doivent

être les protecteurs [1], ou, comme on le
disait autrefois, les avoués de l'Église.
La magnifique institution du saint Empire Romain n'a pas eu d'autre raison
d'être.

Je sais très-bien que nos systèmes
modernes tendent à briser les liens sacrés entre les princes chrétiens et les
princes de l'Église, je sais que l'une
des utopies de notre siècle est ce qu'il
nomme dans son langage *la séparation
absolue de l'Église et de l'État;* mais je
sais aussi, et tous le savent comme moi,
que, dans sa lettre encyclique du 8 décembre. Pie IX a condamné cette 55ᵉ
proposition : « *L'Église doit être séparée
de l'État, et l'État séparé de l'Église* [2]. »

[1] Encyclique.
[2] Syllab.

Habituellement, le devoir des princes, au point de vue de la défense de l'Église, sera simplement d'assurer sa liberté et sa paix.

Il faut cependant admettre certaines rares circonstances où l'Église est dans l'obligation d'exiger davantage des princes et de leur rappeler qu'ils ne portent pas le glaive en vain : *Non enim sine causâ gladium portat*[1].

Contre cette religion sublime qui a seule civilisé le monde, le monde s'insurge depuis dix-huit siècles; toutes les passions se liguent contre elle. La raison orgueilleuse repousse la vérité révélée et le sensualisme déteste la pureté de la morale. Or, l'erreur ne se borne

[1] Rom. XIII. 4.

pas toujours à d'inoffensives contro-
verses et à une propagande pacifique :
violente et envahissante, elle vient parfois troubler la foi calme des fidèles;
elle pervertit audacieusement et ouver-
tement les mœurs. Elle fait plus : la
voici qui s'attaque aux personnes et aux
choses; c'est une publique menace contre tout ce qui est juste, honnête et sa-
cré : c'est une révolte contre tout ordre
social existant.

Que fera l'Église en ce péril extrême?
Ses prières ont été impuissantes, ses
prédications vaines. Laissera-t-elle toute
une portion de la chrétienté qui l'im-
plore, livrée à la dent des bêtes[1], sans
espérance et sans appui? Il n'a rien

_____

[1] Psal. LXXIII, 17.

moins fallu que la rare inintelligence de notre siècle, en matière de religion, pour imaginer que l'Église, qui a reçu de Jésus-Christ le droit de commander, n'ait pas en même temps reçu le pouvoir de se faire obéir; et Pie IX, dans sa lettre encyclique du 8 décembre 1864, a dû également condamner cette autre proposition : « L'Église n'a pas le droit d'employer la force, elle n'a aucun pouvoir temporel, direct ou indirect[1]. »

La force qu'emploie l'Église est d'abord celle de son autorité propre, qui, par des peines disciplinaires, châtie ses fils rebelles; mais cette force est aussi, lorsque le salut des peuples l'exige, le glaive que les princes ne portent pas en vain.

[1] Syllab., 24e prop.

Je n'ai point à développer ici la délicate thèse des guerres religieuses. Cependant le Seigneur lui-même se nomme dans nos saints Livres le Dieu des armées; et si la guerre, cet épouvantable fléau, est parfois légitime, pourquoi ne serait-ce pas surtout quand elle a pour objet un grand intérêt moral et religieux? Vous me volez ma patrie ou mes terres, la guerre est juste; vous me ravissez ma religion et mon Dieu, la guerre ne sera pas juste?..... Quand, à la fin du dernier siècle, la France se levait en masse pour défendre ses frontières, cela était beau et noble; mais lorsqu'à la même époque, la Vendée se levait, elle aussi, pour relever ses autels abattus et arracher ses prêtres à l'échafaud, cela était plus beau et plus noble encore.

Encore une fois, je n'insiste pas, j'ai simplement voulu rappeler, en quelques mots, les principes que suivit l'Église dans le cours des événements dont le récit va nous occuper.

Jetons maintenant un regard sur toutes les turpitudes de l'hérésie Albigeoise, et cherchons à nous rendre compte du lamentable état où elle avait réduit nos belles contrées méridionales. Certes, il nous sera évident, qu'en s'opposant, comme elle l'a fait, aux envahissements de l'hérésie, l'Église a rendu à nos pères et au pays que nous habitons un incomparable service. Cela fait, nous n'aurons plus qu'à retracer la part personnelle et glorieuse qui appartient à Pierre de Castelnau dans cette lutte à jamais célèbre de la Vérité contre l'Erreur.

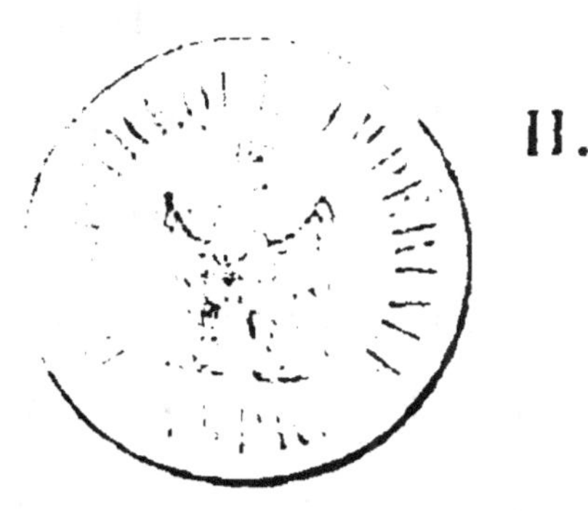 II.

L'hérésie Albigeoise a été, sans contredit, l'une des plus dangereuses tentatives qu'ait entreprises l'esprit du mal,
pour faire reculer l'Occident jusqu'à la
barbarie païenne.

Au XIIIe siècle, on désigna communément, dans nos contrées, sous le nom d'*hérésie Albigeoise*, les nombreuses sectes manichéennes, qui, débordant de l'Orient, vers le Xe ou XIe siècle, envahirent tout à coup l'Église occidentale. Nommés ailleurs Bulgares, Cathares, Patarins, Ribauds, etc., etc....., ces hérétiques différaient certainement par quelques points de doctrine; mais, ils redevenaient tous unis pour combattre les enseignements, la discipline, la morale, la hiérarchie de l'Église, « semblables, dit Innocent III, aux renards de Samson, liés ensemble par la queue et promenant leur flamme dans la vigne du Seigneur. »

Dès le XIIe siècle, S. Bernard qui les connaissait, et dont le zèle, la sainteté et l'éloquence avaient souvent échoué contre eux. les représentait à ses frères comme des loups et des renards cachés sous la peau des brebis : « Brebis par l'extérieur, renards par l'astuce, loups par la cruauté; *Oves habitu, astu vulpes, crudelitate lupi* [1]. »

Le secret le plus absolu était effectivement la première loi imposée aux sectaires. Ils abordaient les maisons des fidèles avec un extérieur grave et modeste, et ne pénétraient que peu à peu dans leur confiance et dans leurs cœurs. Les femmes et les enfants étaient leurs premiers prosélytes.

Comme tous les hérétiques, ils essayaient de persuader d'abord qu'ils faisaient partie de l'Eglise, et ne différaient avec elle que sur des points à peine percep-

---

[1] Serm. in Cant. 66.

tibles ; puis, ils se hasardaient à insi-
nuer ceux de leurs articles qu'ils suppo-
saient de nature à moins effrayer les
consciences chrétiennes ; puis enfin, ces
nouveaux gnostiques développaient leurs
maximes secrètes et ne craignaient plus
de mettre à nu les plus abominables
systèmes. Les hypocrites tènèbres dont
ils surent s'envelopper ont réussi à
tromper même l'histoire, et l'on s'é—
tonne qu'il y ait aujourd'hui deux opinions et deux jugements sur des hommes
dont les infâmes pratiques ne tendirent
à rien moins qu'à ruiner de fond en
comble la civilisation chrétienne.

Le dogme impie des deux principes
manichéens était commun à presque
toutes les sectes albigeoises. Et déjà, on
comprend aisément à quels désordres

devait aboutir une doctrine qui, faisant dériver notre nature d'un principe mauvais, l'inclinait fatalement au mal [1].

Au point de vue de la morale sociale, on aurait peine à énumérer les hideux enseignements des sectaires. Saint Bernard insistait principalement sur deux chefs : d'une part, ils condamnaient le mariage; d'autre part, ils ne se faisaient aucun scrupule du mensonge. Au sujet du mariage : « Enlevez à l'Eglise la pu- » reté de ses noces et l'honnêteté du lit » conjugal, disait le saint docteur [2], » vous aurez bientôt rempli le monde » des plus honteuses débauches. » Et d'autre part, il attribuait à ces mêmes hérétiques cette maxime : « Jurez, par-

[1] S. Aug., lib. ad Hieron.
[2] Serm. in Cant. 66.

jurez-vous, mais ne révélez pas votre secret, *Jura, perjura, secretum pandere noli.* »

Ajoutons, d'après les récits que nous ont laissés les historiens, des habitudes d'usure qui laissaient loin derrière elles la plus rapace industrie des Juifs.

Ajoutons une facilité prodigieuse à s'approprier le bien d'autrui, et surtout le bien de l'Église, — dont, il faut le dire, l'hérésie Albigeoise ne s'est point à elle seule réservé la convoitise !....

Ajoutons enfin des violences sans nombre, qui mirent à bout la patience des fidèles.

On se persuadera facilement que des sectes qui affichaient une telle morale et une telle conduite fussent conséquentes en détestant l'Église, ses dogmes, sa discipline, sa hiérarchie, son culte. Les sectaires niaient la divinité de Jésus-Christ, et ils considéraient son crucifiement comme une honte. Le symbole de la Croix était pour eux un objet d'horreur.

Devançant Luther et Calvin, ils ne nommaient l'Église que la *prostituée de Babylone :* « Nous condamnons tout ce que l'Église fait et enseigne, disaient-ils. » Ils profanaient les images, les ornements sacerdotaux, les vases sacrés, l'huile sainte, et là où ils étaient devenus maîtres, ils déshonoraient et saccageaient les temples.

C'est alors qu'outragés dans leur foi, menacés dans leurs affections les plus pures au foyer domestique, révoltés des doctrines immondes qui, chaque jour,

prenaient autour d'eux plus de crédit,
souvent même chassés de leurs églises,
les fidèles ne savaient plus se contenir.
Ils se ruaient sur les hérétiques, ils les
traînaient devant les tribunaux et quel-
quefois prévenaient même le jugement,
en leur infligeant le dernier supplice.

Saint Bernard, témoin de ces faits,
disait aux catholiques : « Nous louons
» le zèle, mais nous condamnons le cri-
» me, car il faut persuader la foi, non
» l'imposer. » Puis, aussitôt il ajoutait :
« Plutôt cependant que de laisser une
» semblable erreur pervertir les fidèles,
» mieux vaudrait qu'elle fût comprimée
» par ceux qui ne portent pas en vain
» le glaive; car ils sont les ministres de
» Dieu pour le bien[1]. »

[1] Serm. in Cant. 66.

Ces deux paroles de saint Bernard interprètent très-exactement la pensée et la conduite de l'Église.

Déjà donc, dès le XIIe siècle, le mouvement de l'hérésie était devenu menaçant; il se développa au XIIIe avec d'effrayantes proportions.

Phénomène qui serait étrange, si les siècles suivants ne l'avaient plus d'une fois reproduit. Cette société toujours secrète, cachant toujours sous des voiles hypocrites, ses hontes et ses erreurs, d'ailleurs condamnée et proscrite, autant par le sentiment public que par les lois, envahit insensiblement les campagnes et les villes; elle subjugua les riches comme les pauvres, les grands aussi bien que les petits; elle trouva même dans le clergé catholique de nombreux et puissants affidés, — et je ne mets point en doute que cette fatale connivence avec elle n'ait été, à cette époque, la principale source de l'abaissement des mœurs sacerdotales. — L'hérésie était partout, elle dominait partout, et de même qu'au IVe siècle, après le conciliabule de Rimini, « le monde, s'écriait saint Jérôme, avait gémi, s'étonnant d'être arien[1]; » de même ne nous serait-il pas permis de dire qu'au XIIIe siècle, nos contrées méridionales se réveillèrent dans la stupeur, s'étonnant qu'au milieu d'elles une hérésie impure se fût substituée à l'Église?

En un siècle aussi hiérarchique que le XIIIe, le mal n'eût pas fait tant de progrès, sans la complicité des princes.

[1] Lib. contra Lucif.

Ceux qui gouvernaient alors le Midi, loin de réprimer les principes subversifs, qui, sapant tout à la fois la morale et l'autorité de l'Église, attentaient au bonheur de leurs peuples et à leur propre pouvoir, s'allièrent publiquement avec l'hérésie Albigeoise : ils la craignirent et la flattèrent.

Parmi ces princes, deux surtout devront de préférence attirer notre attention; Raymond VI, comte de Toulouse, et Raymond Roger, vicomte de Carcassonne. Raymond VI, dont toute la politique fut la fourberie et la ruse, mit en pratique, plus qu'aucun sectaire, la maxime favorite de la secte : « *Jura, parjura,* jurez, parjurez-vous. » Il employa une moitié de son règne à faire au Pape des promesses et des serments, et l'autre moitié à ne pas les tenir. Quand le Pape députait vers lui ses légats, il pouvait se servir de l'expression du Sauveur : « Allez dire à ce renard. *Ite, dicite vulpi illi.* » Mais son astuce ne trompait personne. Dès la première année de son règne, Célestin III lui reprochait de « s'être rendu indigne, par ses mé— » chantes actions, de l'affection et de » l'estime que le Saint-Siége avait voués » à la mémoire de son père[1]. » Quelques années après, Innocent III l'accusait hautement « d'abominations détestables, » l'appelait un homme de pestilence, et » lui demandait s'il voulait être à charge » à Dieu comme il l'était aux hommes[2]. »

Débauché autant que parjure, ce

[1] Bul. n. 25.
[2] *Ibid.*, p. 69.

prince avait donné sur le trône le scandale d'un triple divorce; et l'on comprend dès lors qu'il ne fut point hostile aux immorales tendances de l'hérésie.

Raymond Roger, vicomte de Carcassonne, valait mieux que le comte de Toulouse. D'ailleurs, il mourut jeune, et ses malheurs, ses qualités aimables, son courage, jettent sur lui un vif intérêt; mais issu d'une mauvaise souche que l'hérésie avait gâtée, mal élevé et mal conseillé par ses tuteurs et ses ministres, il ne voulut ou ne sut mettre aucun frein au débordement du mal dans ses États; et Carcassonne devint, sous son règne, le plus ardent foyer des sectes albigeoises.

C'est sous le règne de Raymond Roger, que l'un de mes plus illustres prédéces-

seurs, Bérenger de Rochefort, fidèle à
Dieu et à l'Eglise, zélé défenseur de la
foi et vigilant gardien de la vérité catholique, fut chassé de sa ville épiscopale,
par les hérétiques ameutés qui firent
publier à son de trompe une rigoureuse
défense d'entretenir aucun commerce
avec lui.

Ainsi le pays tout entier en proie aux
plus immorales et aux plus anti-sociales
erreurs, des princes faibles ou parjures,
donnant la main à cette dégradation de
la société chrétienne, plusieurs évêques
malheureusement vendus aux intérêts
de la secte, et les évêques fidèles expul-
sés de leurs siéges, la religion menacée
et toutes les choses sacrées en péril, tel
était, sans exagération aucune, l'état
de nos provinces méridionales, quand le

Souverain-Pontife décida de porter re-
mède à un si grand désastre.

La Providence voulut que l'Eglise fut
alors gouvernée par un grand pape, Innocent III.

L'œil fixé sur le monde entier, et
ne négligeant aucun des devoirs de son
immense charge, Innocent III vit la
plaie profonde qui dévorait le midi de
la France, et il entreprit de la guérir.
Conformément à la double pensée qu'a-
vait exprimée saint Bernard, au siècle
précédent, il résolut d'abord de députer
vers nos contrées des légats et des missionnaires pour essayer de ramener les
peuples à la pureté de la foi : puis, si
l'influence des légats et la parole des
missionnaires demeuraient sans effet, il
se promit, pour défendre au moins contre

les loups dévorants le petit troupeau fidèle, de recourir à l'autorité de ceux qui ne portent pas le glaive en vain. Dieu, pour servir les desseins de son Pontife, suscita dans l'Eglise les hommes dont elle avait besoin, deux saints, le B. Pierre de Castelnau et saint Dominique de Guzman ; un héros, Simon de Montfort.

III.

Pierre de Castelnau, issu d'une famille illustre, appartenait par sa nais-
sance au diocèse de Montpellier. Il s'é-
tait de bonne heure consacré à Dieu, et
ses vertus ainsi que ses talents l'avaient
déjà élevé à la dignité d'archidiacre de
l'Église de Maguelonne, quand le Pape
jeta les yeux sur lui et le désigna com-

me l'un de ses légats dans les provinces méridionales infectées du poison de l'erreur.

Mais le désir d'une perfection plus haute eut bientôt déterminé Pierre à renoncer aux honneurs du siècle, et vers l'année 1200, il faisait profession à l'abbaye de Fontfroide, dans l'Ordre de Citeaux.

Le saint état qu'il avait embrassé ne pouvait qu'ajouter à la confiance du Souverain-Pontife, et dès l'année 1203, nous voyons Pierre de Castelnau commencer, à Toulouse, les durs labeurs de sa légation, en compagnie du frère Raoul, son collègue, religieux Cistercien comme lui.

Toulouse, nous l'avons dit, était l'un des chefs-lieux de la secte, et il importait

que cette grande cité donnât l'exemple
du retour à la foi catholique. La mission
des légats ne demeura pas sans fruits,
ils obtinrent des principaux habitants
de la ville la promesse, par serment,
d'abjurer l'hérésie, et, en retour, les
légats s'empressèrent de confirmer, au
nom du Pape, les libertés et franchises
de la cité. — L'Église, qui ne supporte
pas la licence de l'erreur, a toujours fa-
vorisé hautement les légitimes libertés
des peuples; elle n'a jamais cessé de
prêcher cette parole de l'Evangile [1] :
« *C'est la vérité qui rend libre.* »

Toutefois ce succès ne fut pas de lon-
gue durée. L'hérésie, un moment comprimée à Toulouse, y redevint plus me-

[1] Joan. VIII. 52.

naçante que jamais; et comme d'ailleurs, elle promenait ses ravages dans les contrées environnantes, les légats s'éloignèrent de Toulouse et se mirent à évangéliser tous les lieux où l'ardeur de la secte sollicitait plus instamment leur zèle. C'est ainsi qu'en 1204 ils se rendirent à Carcassonne, pour conférer avec les hérétiques, et là ils n'eurent pas de peine à les convaincre des plus épouvantables blasphêmes.

Mais, à mesure que les légats s'appliquaient davantage à cultiver la vigne du Seigneur, ils pouvaient aussi mieux comprendre jusqu'à quel point les *renards l'avaient su démolir, ruiner et saccager* [2]. Les évêques, les princes, les

____

[2] Cant., II, 15.

barons, ceux-là même que Dieu avaient élevés pour être les gardiens de sa vigne, se liguaient contre l'Église. Bérenger, archevêque de Narbonne, avait été menacé par les légats d'être privé de sa juridiction; et ce prélat s'était inscrit publiquement, à son tour, contre le pouvoir des légats.

Tant d'obstacles réunis effrayèrent Pierre de Castelnau. Il demanda au Pape d'être déchargé d'un fardeau trop lourd, et le supplia de permettre qu'il pût rentrer dans son monastère.

Le Souverain-Pontife n'avait garde de renoncer aux éminents services que son légat pouvait rendre à l'Église. La belle lettre qu'il lui écrivit ranima son courage.

« A frère Pierre de Castelnau. légat

» du Siége Apostolique : la dette de la
» charité qui ne recherche pas son bien
» propre exige que celui qui s'élève
» en embrassant Rachel sur les hau-
» teurs de la contemplation, ne repousse
» pas les embrassements de Lia, bien
» que ses yeux soient infirmes quand la
» nécessité l'appelle au ministère actif.
» Puis donc qu'en présence de cette né-
» cessité, nous avons jugé bon de t'ar-
» racher, pour un temps, au repos de la
» contemplation que tu avais choisi et
» t'avons chargé pour nous, ou plutôt
» pour le Christ, du pesant ministère
» de la légation apostolique, afin que tu
» obtiennes, un jour, de réconcilier au
» Seigneur ceux dont l'ange des ténèbres
» a rendu les esprits aveugles; tu ne
» dois pas refuser le travail, bien que

» le peuple, vers lequel tu es envoyé,
» paraisse dur et incorrigible; car, tu
» n'ignores pas que le Seigneur peut,
» des pierres elles-mêmes, faire sortir
» des enfants d'Abraham. N'attends pas
» une récompense moindre pour n'avoir
» pas, jusqu'à présent, réussi suivant
» tes désirs. C'est le travail que Dieu
» récompense et non le succès. Espérant
» donc avec fermeté dans le Seigneur
» qui donne au labeur l'accroissement,
» nous exhortons et conjurons ta piété,
» et nous te commandons même, par cet
» écrit apostolique, de faire instance
» auprès des peuples à temps et à con-
» tre-temps, de les reprendre, de les
» supplier, de les instruire, sans te las-
» ser jamais, de remplir fidèlement en-
» fin ta charge d'évangéliste et d'accom-

» plir jusqu'au terme le ministère que
» nous t'avons confié [1]. »

Fortifié par ces paroles, Pierre se remet courageusement à l'œuvre : Apprenant que le comte de Toulouse soutenait de nouveau et fomentait publiquement l'hérésie, après l'avoir une première fois abjurée, il se rend à sa cour en 1205, exige de lui un nouveau serment et l'obtint. En même temps, il dépose l'évêque Raymond de Rabastens, prélat simoniaque et oublieux de ses devoirs, et prépare ainsi l'élection du célèbre Foulques, son ami, âme ardente et passionnée, mais qui tourna toute son ardeur vers Dieu, et qui, après une jeunesse frivole que de vains succès de

[1] Bolland., 5 mars.

poésie avaient trop longtemps égarée,
sortant du monde et se consacrant au
sacerdoce, devint un des grands évêques
de son siècle.

Puis le saint légat se dirige vers le
Rhône, parcourt les provinces d'Arles et
de Vienne, tient à Vienne un concile où
il rédige de nouveaux statuts pour le
gouvernement de cette Église; et au milieu des complications qu'une grave ma-
ladie vient ajouter à ses travaux, dé-
ploie un zèle infatigable pour assurer le
succès de sa mission.

Néanmoins, en 1206, nous le retrou-
vons à Montpellier, déplorant, avec frère
Raoul, son collègue, la stérilité de leurs
communs efforts.

Les scandales malheureusement nombreux que l'hérésie était en droit de

reprocher au clergé, ajoutaient une dif-
ficulté de plus à l'œuvre entreprise par
les légats.

J'ai déjà signalé, Messieurs, l'influence que l'hérésie dut exercer sur le
clergé. En brisant tous les liens de la
morale, elle avait nécessairement relâ-
ché ceux de la discipline ecclésiastique.
Je ne veux pas nier assurément, qu'au
XII⁰ siècle et au XIII⁰ siècle, si glorieux d'ailleurs, pour l'Église et surtout
si féconds en grands saints, la liberté
des mœurs féodales et l'abus des riches-
ses n'eussent causé de graves dommages
à la pureté du sacerdoce; mais je sou-
tiens que les immorales coutumes de
l'hérésie, s'infiltrant par les fentes du
sanctuaire en même temps qu'elles dé-
bordaient dans le monde, purent agir

sur un grand nombre de clercs avec de très-pernicieuses influences; cercle fatalement vicieux où l'hérésie accusait le clergé, et où le clergé s'énervait aux dissolvantes émanations d'une atmosphère corrompue.

Quoi qu'il en soit, les légats se sentaient de nouveau défaillir, quand le Seigneur, dit un vieil historien, « qui » sait toujours tenir des flèches en réserve dans le carquois de sa Providence, leur envoya du fond de l'Espagne deux saints et vaillants athlètes [1]. »

Au mois de juillet 1206, le vénérable évêque d'Osma, Diégo d'Azèbes, accompagné d'un chanoine régulier, sous-

[1] Guill. de Puylaurens.

prieur de son Église, venait frapper à leur porte avec le bâton du pèlerin. Le sous-prieur était saint Dominique.

Les légats ne manquèrent pas de confier à l'évêque la cause de leur chagrin, et lui firent part de leurs défaillances. L'évêque n'approuva pas les pusillanimes pensées des légats, il les engagea, au contraire, à poursuivre plus ardemment que jamais la prédication de la parole. Toutefois il ajouta que, pour guérir les maux de l'Église, la parole ne suffisait pas, qu'il y fallait l'autorité de l'exemple; qu'apôtres de l'Évangile, ils devaient vivre de la vie des Apôtres, marcher nu-pieds, ne porter ni or ni argent, et prêcher, en un mot, le langage de la pauvreté chrétienne, en même temps que celui de la vérité catholique.

Les saints se comprennent facilement, parce que leur conversation, qui est dans les cieux, est unanime pour les choses célestes. Le conseil du saint évêque fut approuvé par les légats. Ils demandèrent seulement que le prélat et son compagnon consentissent à se joindre à eux; et nos quatre missionnaires, Pierre de Castelnau, F. Raoul, l'évêque d'Osma et Dominique de Guzman, sortirent un matin de Montpellier, marchant pieds nus et donnant l'exemple de la pauvreté apostolique que devaient bientôt imiter les Ordres mendiants du XIIIe siècle.

Des conversions nombreuses ne tardèrent point à leur prouver que ce nouveau genre de vie aurait plus d'action sur les peuples.

A Béziers et à Carcassonne, les missionnaires obtinrent quelques bons résultats. La petite ville de Caraman, située dans le Lauraguais, abjura l'hérésie et embrassa la foi catholique.

Pierre de Castelnau dut cependant, à cette époque, se séparer momentanément de ses collègues. Par la vigueur de son esprit, autant que par l'ardeur de son zèle, il était, entre les légats, celui que les sectaires redoutaient davantage. Déjà ils avaient attenté à sa vie, et frère Raoul le conjura de se soustraire, au moins pour un temps, à la fureur de leurs poursuites. Pierre, dont l'heure n'était pas venue, condescendit à cette demande.

Retiré à Montpellier, il se rendit encore utile aux affaires générales de l'Église. Toutefois son âme apostolique sentait incessamment le besoin de se mesurer contre l'hérésie; et apprenant que les missionnaires tenaient à Montréal, au diocèse de Carcassonne, une conférence avec les sectaires, il se hâta de s'y rendre.

En cette célèbre conférence, si l'on en croit les historiens, les plus simples règles de la justice furent violées. Les arbitres choisis exclusivement parmi les hérétiques étaient juges et parties en même temps. La dispute se prolongea quinze jours, les articles furent, de part et d'autre, consignés par écrit; mais on rapporte que les juges eux-mêmes, ne pouvant échapper à l'évidence des témoignages allégués par les catholiques, refusèrent de porter la sentence et livrèrent à leur parti les pièces écrites du débat, qui furent ainsi soustraites à la publicité.

Au sortir de Montréal, les quatre missionnaires prirent des chemins différents comme s'ils eussent voulu se partager le champ inculte qu'ils avaient à défricher.

L'évêque d'Osma se dirigea vers Pamiers ; mais, désirant mettre ordre aux affaires de son diocèse avant de se consacrer entièrement à l'œuvre des missions, il retourna bientôt en Espagne et mourut peu de temps après.

F. Raoul se mit en marche vers le Rhône, et ce fut là, qu'au milieu de ses travaux, la mort le surprit.

Saint Dominique vint se fixer à Fanjeaux, où l'éloquence de sa parole, la sainteté de sa vie, mais surtout l'aide de la très-sainte Vierge, en l'honneur de laquelle il institua le saint Rosaire, déterminèrent un grand nombre d'âmes à quitter le sentier de l'erreur : mais ces âmes, nouvellement converties, ne cessaient pas d'être circonvenues par les ennemis de l'Eglise, et ce fut pour préserver quelques jeunes filles de la perfide atteinte des sectaires qu'en l'année 1208, saint Dominique jeta, au pied de la colline de Fanjeaux, les premiers fondements du monastère de Prouille qui devait être lui-même l'origine de l'Ordre des Frères-Prêcheurs.

La même année, aux pieds des montagnes de l'Ombrie, saint François d'Assise, l'ami et le glorieux émule de saint Dominique, groupait ses premiers compagnons près de la chapelle de la Portioncule : — Prouille et Assise, berceaux illustres que l'Eglise façonnait en même temps, et d'où, un jour, devaient sortir deux races d'hommes forts pour la défendre !.....

Mais, tandis que saint Dominique, par les persévérants travaux de son zèle, avançait dans nos contrées la cause de l'Eglise, Pierre de Castelnau la plaidait plus efficacement encore, en donnant sa vie pour elle.

Raymond de Toulouse, malgré ses promesses tant de fois réitérées par serment, n'avait jamais cessé de favoriser l'hérésie et ne semblait occupé qu'à défaire, dans le secret honteux de sa politique, l'œuvre que les légats accomplissaient avec tant de labeurs, au nom du Souverain-Pontife.

Pierre, révolté de tant de fourberies, avait dû lancer contre lui une première excommunication ; et, pour soutenir l'autorité de son légat, Innocent III avait écrit au comte la lettre menaçante dont nous avons plus haut cité quelques extraits [1].

Il ne fallait pas que Raymond put traiter ces menaces d'illusions, et Pierre de Castelnau, immédiatement après la conférence de Montréal, s'était acheminé en toute hâte vers la Provence. Là, ses habiles négociations avaient déterminé les seigneurs Provençaux à s'armer contre le comte de Toulouse pour la dé-fense de la foi catholique ; et Raymond, effrayé à la fois de la sentence du Pape

[1] Ep. 69.

et de la guerre, s'était empressé de recourir à son expédient habituel : le serment. Innocent III, de son côté, avait
levé la sentence d'excommunication :
mais, comme toujours, à peine absous,
le comte s'était de nouveau parjuré.

C'est alors que les historiens nous
présentent « le très-saint frère Pierre
» de Castelnau animé d'un grand cou-
» rage, se présentant à la cour du ty-
» ran, lui reprochant ses nombreux par-
» jures et osant lui résister en face,
» parce qu'il n'était plus seulement ré-
» préhensible, mais vraiment digne de
» damnation [1]. »

Toutefois, éclairé d'une lumière plus
haute, l'homme de Dieu comprenait

[1] Pierre de Vaux-Cernay.

déjà que, pour sauver l'Eglise, le martyre valait mieux que tous les efforts
humains, et, vers la même époque, il
prononçait cette prophétique parole :
« Les affaires de Jésus-Christ ne réussi-
» ront dans ces contrées, que lorsque
» un de nous qui prêchons en son
» nom, mourra pour la défense de la
» foi; et puissé-je moi-même être le
» premier à périr sous le glaive du per-
» sécuteur. »

Cette prédiction et ce désir devaient
bientôt se réaliser. Pierre venait, pour
la seconde fois, d'exclure le comte de
Toulouse de la communion de l'Eglise,
quand celui-ci, qui tremblait toujours
lorsqu'il était frappé, supplie le légat de
se trouver à Saint-Gilles, sur les bords
du Rhône, où il sera lui-même, promet-

tant d'avance au Saint-Siége une sou-
mission entière.

Pierre est fidèle au rendez-vous. Il
entra en pourparlers avec le comte qu'il
trouve, comme toujours, facile et faux
tout à la fois, promettant tout ce qu'il ne
veut pas tenir, éludant ce qu'il ne veut
pas promettre, tergiversant et incertain
entre le Pape qui lui fait peur et l'hérésie qu'il veut ménager. Le légat s'aperçoit vite que l'entrevue n'est qu'un nouveau piége ; et il se disposait à partir,
lorsque le comte lui intime la défense de
s'éloigner de Saint-Gilles, sous peine de
mort. La violence remplaçait la ruse, et
le renard se faisait loup. Rappelons-
nous qu'avec une perspicacité sans égale
et une invincible fermeté, Pierre avait
su épier et déjouer toutes les trames de

Raymond. Sentinelle avancée de l'E-
glise, jamais il n'avait cessé de pousser
le cri d'alarme : « Gardien, que se pas-
» se-t-il dans la nuit[1]? » Chien vigilant
du troupeau de Jésus-Christ, il n'était
jamais demeuré muet. Le comte voyait
en lui son plus indomptable adversaire;
et volontiers, comme Henri II parlant
de Thomas Becket, il eut pu dire de
Pierre de Castelnau « que ce prêtre, à
» lui seul, l'empêchait de vivre en paix
» chez lui[2]. »

Malheureusement, comme le roi d'An-
gleterre, le comte de Toulouse trouva
près de sa personne d'indignes complai-
sants pour exécuter le crime.

Le 15 janvier 1209, Pierre avait dit

[1] Is. XXI, 11.
[2] In. off. S. Thom. Cant.

la messe le matin et se préparait à pas-
ser le fleuve avec ses compagnons,
quand, deux hommes s'approchant de
lui, l'un d'eux le traversa d'un coup de
lance au bas des côtes. Pierre tomba en
s'écriant : « Seigneur, pardonnez-lui
» comme je lui pardonne... » Il s'entre-
tint quelques instants avec les compagnons de sa mission et mourut en priant
avec ferveur.

Ici, ce n'est plus moi qu'il faudrait
écouter, mais le pape Innocent III qui,
dans la lettre qu'il écrivit au sujet de
l'attentat de Saint-Gilles [1] à tous les
nobles hommes, comtes, barons, cheva-
liers des provinces de Narbonne, Arles,
Embrun, Aix et Vienne, raconte avec

[1] Bullar., Ep. 55.

une incomparable éloquence tous les détails de cette scène sanglante.

C'est à la lettre d'Innocent III que l'Eglise a emprunté les leçons de l'office du Bienheureux; les prêtres de mon diocèse les liront, et, suivant une expression que j'emprunte à saint Augustin, « elles ne » feront pas seulement retentir à leurs » oreilles le récit du martyre; elles le leur » feront voir de leurs propres yeux[1]. »

[1] Serm. 2 de Sanct. Steph.

IV.

Il est certain que le meurtre de Pierre
de Castelnau fut , pour les princes chrétiens ainsi que pour le Souverain-Pontife, la cause déterminante de la guerre.
Bien que déjà Innocent III eût fait aux
princes un premier appel (17 novembre
1207), il avait cependant toujours espéré

que l'action de ses légats et la parole de
ses missionnaires suffiraient pour pacifier
l'Eglise. Et, en effet, ces ouvriers apos-
toliques n'avaient pas travaillé en vain :
de nombreuses conversions s'étaient opé-
rées de toutes parts; et lorsque les Croisés porteront la guerre dans nos provinces, je ne doute pas qu'ils n'aient trouvé
un puissant auxiliaire dans l'esprit des
populations, redevenues en partie catholiques.

Mais le crime de Saint-Gilles montrait
à tous les regards l'autorité apostolique
outragée dans la personne de son plus
haut représentant; il prouvait que l'hérésie, tant de fois vaincue, dans l'arène
pacifique des conférences doctrinales,
allait maintenant recourir à l'argument
de l'assassinat. La mesure était comble,

et il parut à Innocent III que le moment était venu pour l'Eglise de songer à une légitime défense. « Ces hommes de pes-
» tilence, écrit-il, après avoir pillé nos
» biens, en veulent maintenant à nos
» personnes; ils ne se bornent plus à
» aiguiser leurs langues contre nos
» âmes; ils arment leurs mains contre
» nos corps, tout à la fois, ennemis
» félons de nos âmes et assassins de nos
» corps..... Levez-vous donc, soldats du
» Christ, levez-vous, valeureux cham-
» pions de la milice chrétienne, que le
» gémissement de l'Eglise vous émeuve
» et qu'un zèle ardent vous enflamme
» pour venger l'injure de Dieu. Bien
» que celui qui nous a créés n'ait jamais
» besoin de nous....., voici cependant
» qu'il met entre vos mains l'occasion

» de le servir. Depuis l'assassinat de ce
» juste , l'Eglise sans consolateur est
» comme assise dans la tristesse et le
» deuil. La foi s'évanouit, la paix n'est
» plus nulle part ; le fléau de l'hérésie
» et la rage des sectaires font chaque
» jour de nouveaux progrès, en sorte
» que si on ne vient en aide au vaisseau
» de l'Eglise, en cette nouvelle tempête,
» il semblerait qu'il dût faire naufrage.
» C'est pour cela que nous vous avertis-
» sons, vous exhortons et vous enjoi-
» gnons même de la part du Christ, en
» cette nécessité pressante, de ne plus
» tarder à voler au devant de si grands
» maux, de nous aider à pacifier ces
» peuples en celui qui est le Dieu de la
» paix et de l'amour, d'user de tous les
» moyens qui vous seront suggérés par

» Dieu, dans le but d'abolir à jamais
» cette perfide hérésie, afin d'étendre
» vos mains puissantes et de déployer la
» force de vos bras, pour vaincre ces
» sectaires que vous devez combattre
» avec d'autant plus de sécurité pour
» vos âmes qu'ils sont pires que les Sar-
» rasins[1]!..... »

Ce fier langage, que notre siècle ne comprendrait plus, parce que les causes sacrées sont, hélas! celles qui le touchent le moins, ce fier langage fut le cri de guerre qui fit lever une puissante armée. De toute part, les princes et les seigneurs Français prennent la croix et, suivis de leurs hommes d'armes, ils tombent sur le Midi. Terrifié à leur ap-

---

[1] Bul., Ep. 65.

proche, Raymond se hâte de refaire tous les serments qu'on lui demande et se croise lui-même contre les hérétiques. C'est trop tard, le Dieu des armées a maintenant tiré le glaive de sa justice et de sa colère. Les croisés se joignent devant Béziers; ils assiégent cette ville, la prennent, la saccagent; et, le 1er août 1209, ils arrivent sous les murs de Carcassonne.

Cette ville, nous l'avons dit plus haut, était l'un des repaires de la secte. L'insouciance de Raymond Roger l'avait livrée comme une proie facile à tous les prédicateurs du mensonge, et l'hérésie dormait paisible derrière les hautes murailles de la cité, quand le clairon des soldats du Christ la réveilla comme en sursaut.

La cité de Carcassonne, ainsi que nous le savons tous, située sur une colline, au bas de laquelle coule la rivière de l'Aude, et entourée alors de deux faubourgs, fortifiés eux-mêmes par des murs élevés et des fossés profonds, pouvait soutenir l'épreuve d'un long siége. Raymond Roger, plus courageux soldat qu'il n'avait été prince dévoué aux intérêts de l'Église, s'était jeté intrépidement dans sa ville, valant à lui seul une armée.

Dès le lendemain de leur arrivée, les croisés attaquent le premier faubourg qui d'abord leur résiste. Raymond Roger, à la tête des siens, repousse le choc et fait des prodiges de valeur.

Cependant, au camp des croisés, les évêques et les prêtres réunis en grand nombre entonnent, en chœur, le *Veni Creator* et lèvent vers le ciel leurs mains suppliantes. Les assiégeants reviennent à l'assaut; le combat dure deux heures; on s'acharne de part et d'autre; enfin, un chevalier, plus hardi, escalade le premier la muraille. Ce chevalier est Simon de Montfort!

Je n'entrerai pas dans les détails du siége. Le 15 août 1209 la ville est emportée d'assaut; Raymond Roger est fait prisonnier, et l'armée catholique décerne à Simon de Montfort le juste prix de ses exploits; il est élu vicomte de Béziers et de Carcassonne.

A partir de ce jour, Simon ne remit plus ' dans le fourreau le glaive qu'il avait tiré pour la défense de la sainte Église. Il établit à Carcassonne le siége de sa domination : héroïque époque pour cette ville !... De là l'intrépide guerrier étendit au loin ses conquêtes; il refoula partout l'hérésie et partout la rendit impuissante : Simon de Montfort fut sans contredit le plus grand capitaine de son siècle; Innocent III fit son éloge; et les peuples émerveillés de son génie militaire, de sa valeur et de sa foi ardente, le nommèrent un nouveau Machabée.

Le 12 septembre 1213, Simon gagnait la bataille de Muret qui, en mettant le sceau à sa gloire, assurait le triomphe de l'Église.

Cinq années s'étaient écoulées depuis l'attentat de saint Gilles !... Qui oserait dire que le sang versé alors sur les bords du Rhône n'eut pas crié vengeance à la journée de Muret, et fait autant pour la victoire que l'épée de Simon de Montfort?

Le B. Pierre de Castelnau avait été pour nos contrées un ardent missionnaire, un apôtre : Dieu nous l'avait envoyé, ainsi que saint Dominique, dans des vues de miséricorde. Simon vint après eux et il fit l'œuvre de la justice. Tous deux succombèrent glorieusement à leur tâche; l'un périt martyr, assassiné de la main d'un sicaire; l'autre mourut en guerrier sous les murs de Toulouse, frappé d'une pierre qui l'atteignit au front. Mais la miséricorde vaut mieux que la justice, et la sainteté du prédicateur est plus précieuse aux regards de Dieu que la gloire sanglante du soldat. Le nom de Simon de Montfort demeure inscrit en nobles caractères dans les fastes de notre histoire. Plus grand et plus honoré, le B. Pierre de Castelnau a sa place sur nos autels.

Innocent III avait écrit que « si d'in- » signes miracles n'avaient pas glorifié » le tombeau de ce juste, il ne fallait » s'en prendre qu'à l'incrédulité du siè- » cle. » Cependant des signes prodigieux furent constatés après sa mort. Lorsque, l'année suivante, son sépulcre fut ou- vert par les ordres du Souverain-Pon- tife, le corps du saint martyr fut trouvé sans corruption, et un parfum céleste s'exhalait de sa chair. Les Papes concé- dèrent son office à l'Ordre des Cister- ciens et à quelques diocèses qui sollici- tèrent cette faveur.